Chaque fois que j'ouvre la bouche

Patricia Pileur

Recueil de Poésie

Année 2016

ISBN: 978-2-9559842-0-8
ISBN-13: 9782955984208

A ma famille
Et à tous ceux qui sont dans le secret

Chaque fois que j'ouvre la bouche

J'ai la langue aussi large qu'un continent
Et l'embouchure d'un fleuve
Je porte en moi l'exil
De ces terres où le harfang
D'un seul coup d'aile
Dessine l'arc polaire
Je viens du vent
Je viens d'avant
Quand le soleil n'était qu'un nouveau-né
J'ai l'accent de ces langues
Qui se sont déroulées
Sur des milliers d'années
Glissant comme des glaciers
Bleus dans une nuit sifflante
Je me rappelle encore
Des chants libérés par les rivières
Qui roulaient sur les pierres
En torrents de lumière
Les bras levés tranchant l'air
Ouvrant les cœurs comme des feuilles
Aux nervures rouges teintant le feu
Des rituels sentant la mousse et le lichen
Tout est vivant en moi
Comme une odeur de fumée
Purifiant mes idées
Effaçant le néant pour me réinventer
Chaque fois que j'ouvre la bouche

-1-

Écrire

C'est pour moi
Transformer une petite chose très intime
En une grandeur universelle

J'écris

D'abord les appuis
Bien ancrés dans le sol
Le relâchement du poignet
Et l'engagement du corps
La frappe
La hanche
L'expiration

J'écris

J'écrivais mon poème

J'écrivais mon poème
À l'intérieur de moi
À l'envers de ma peau
Endormie par la houle
Et le tangage du cœur
Tout en moi écrivait
Sur le sang noir épais
De ma coque de cargo
Cargaison amarrée
Par l'entrelacs des veines
Mon ventre chaloupé
Attendait ton étrave

Faut-il s'écrire

Faut-il s'écrire dans de si grands palais
Dérouler les grands mots
Comme des tapis volés
À la nuit cendre
Qui s'efface
D'un souffle court ?

Je réécris le monde

La nuit naît du soleil
Qui se fracasse à l'horizon
Projetant sa matière en fusion
Sur la toile noire de l'univers
Puis à l'aurore tout retombe
Et se rassemble à nouveau
À l'autre bout du monde
Le soleil comme une bulle légère
Décolle alors de l'horizon
Pour traverser le ciel d'un bond
(Je réécris le monde)

L'écriture

C'est comme la respiration (de l'âme)
Jouer avec les courants inverses
De l'inspiration (du dehors)
De l'expiration (du dedans)

Si mon poème pouvait parler

Il y a des mondes insoupçonnés
Pour ceux qui savent encore rêver
Il y a des voix parfois si tendres
Pour ceux qui savent encore entendre
Si mon poème pouvait parler
Alors doucement il vous dirait :

Là où je vais quand je m'endors
Brillent des étoiles toutes en or
La nuit réchauffe et émerveille
Un doux murmure à mon oreille
Des chants qui viennent de là-bas
Dans une langue qui n'existe pas

Là où je vais quand tout s'éteint
Se ferme sur moi comme un écrin
En communion avec les dieux
Ma voix peut monter vers les cieux
Enfin j'atteins la terre promise
Et tous mes vœux se réalisent

Là où je vais quand je m'ennuie
N'est finalement pas loin d'ici
C'est une illusion de voyage
Une vision un leurre un mirage
Mais bon... à moi, ça me suffit
Pour oublier ce monde-ci

Là où je vais n'existe pas
Ce monde-là n'est rien qu'à moi
Mais si vous entendez ma voix
Et si vous faites ce rêve comme moi
Un jour peut-être vous y viendrez
Et ce monde pourra exister

Vibration

Écrire
C'est capter la vibration du silence
Du bout des doigts saphirs
Le graver
Sur un bout de papier
Et le relire
Du bout des lèvres

2

Naissance !

Il faut s'ouvrir
Encore
Et bien au-delà du corps
Faire naître son âme

C'est une comète !

À ma naissance ils ont crié :
"C'est une comète !"

Et mes parents ont juste levé les yeux au ciel....

Tu t'arrondiras

Et tu t'arrondiras
Laissant la lune aux hirondelles
Au printemps éphémère
Sous un jour de mortel
Sous le ciel d'une vie
Au parfum de groseille
Tapissé de lilas
Toi petit ventre de lumière
Tu feras naître le soleil

On naît seul

On naît seul
Couvert de sang
On meurt seul
Lavé par les ans

Entre les deux
La recherche
D'une caresse

Le cycle de la vie

À chaque coude
La pliure est un effort
Mais le courant est fort
Pour courber l'hiver
L'obliger à se taire
Sous la poussée de vie
Qui veut reprendre ces terres
La rivière crie
L'eau jaillit
Puis l'hiver se laisse faire
Il sait que c'est ainsi
Que cet enfant terrible
Doit prendre de son père
Sa force de caractère
Pour enfanter l'été
Chaque mort est une naissance
Bravement accouchée
Dans le cercle infini
Du cycle de la vie

Fouetter les ans

Dans le souffle d'un vent
Fou et sauvage
Qui annonçait l'orage
Je reprenais les rênes
D'une nouvelle naissance
Maintenant l'attelage
À l'allure d'un vaisseau
Je traversais ma vie
Comme si c'était une plaine
Fouettant les ans
Comme des chevaux

Naissance !

C'était l'époque des moissons
Dans tous ces nuages de flocons
Moi je rêvais d'hiver
D'étranges plaines
Blanches et austères...

J'avais les steppes
Devant mes yeux
Comme des silences
Et mon traîneau
Glissait sur les cristaux
La nuit pleine
Et les loups

C'était beau
Comme un poème
Vierge
Des reflets de la nuit
La neige crissait
Respiration gelée
Rien à faire d'autre
Que d'avancer
Sinon figer

Les étoiles aux pôles
Avaient la clarté de mon regard
J'avais l'immensité en miroir
Et la vitesse des grands esprits
J'ai cru voir...

J'ai cru voir la possibilité
D'une autre aurore
Un éveil à la clarté
Une autre occurrence
Des mouvements de danse
Le ciel ouvrait ses bras

J'étais à nouveau enfant
Enfant des étoiles
Émotion et reconnaissance
Les larmes gelaient
Comme des diamants aux joues
Froid pureté
Silence
Naissance !

Naissance du poète

Les arbres se courbaient
Et les fleurs s'ouvraient
Le ciel se dégageait
Pour la laisser passer
Et l'on applaudissait
La naissance du poète

Deuxième naissance

Crier
Se vider les poumons
Que l'air rentre à nouveau
Une deuxième naissance
Ça pousse les os
Ça craque
Ça fait mal
Mais c'est ça la vie !

Au-delà

Tu cherches dans un passé
Mais ton histoire n'est pas celle-là
Il faut te retrouver
Bien au-delà de ta naissance
Dans ce tumulte
Où grouillent les essences vives
Brutes et colorées des origines
Ne sens-tu pas la différence
La profondeur de ton cri
D'avant la chair et les offenses
Comment te dire
Toutes ces années de reptation
À se hisser hors du cocon
Redresse-toi
Car tu as l'élégance de ton choix
Incarné tu es ce corps
Qui prend les apparences
De toutes les souffrances
Ton regard bleu
Vole au-dessus des cimes
Tu déplies ta carcasse
Et c'est l'ombre qui passe
Un jour le monde
Ne sera pas si grand
Il faudra déchirer
Ce voile au firmament
Et te rejoindre
Au-delà
De l'espace
Et du temps

3

L'étrange traversée

Cette vie nous embarque pour une étrange traversée
Nous ne sommes que des passagers
Nos propres étrangers
Et nous portons la différence comme une étoile

Passager

Triste est le passager
Qui contemple la terre
Autour du vent d'hiver
Quelques flocons de gris
Sales et désespérés
À la poussière des villes

Rien qu'une étrangère

Un jour j'ai enterré mon âme
Je l'ai enfouie six pieds sous terre
Elle était bien trop abîmée
Elle ne pouvait plus supporter
Le monde et sa médiocrité
Depuis je me sens plus légère
Tout ce petit monde m'indiffère
Je ne suis rien qu'une étrangère

Grains de Sable

J'emportais avec moi toujours dans mon cartable
De la terre des cailloux des petits grains de sables
Souvenirs bien friables de rêves insaisissables
Voyages inoubliables mensonges inavouables
Ecrits dans mes cahiers, sur de simples feuillets
Les rayons de la lune me gardant éveillé
Assis à mon bureau les yeux émerveillés
Devant ces paysages ne faisant que passer
Et que tout mon regard ne pouvait embrasser
J'aurais voulu retenir toutes ces visions rêvées
Dans la faible lumière alors j'écrivais
Le fil de mes pensées perdues à voyager
Ecriture bien rapide ne pouvant à peine suivre
Mon esprit égaré délirant d'enfant ivre
De cette liberté de ce désir de vivre
Le style était brutal tellement l'envie d'ailleurs
Me rendait fou furieux et me serrait le cœur
Maintes fois l'envie de partir faillit bien m'engloutir
Je serrais les mâchoires et je serrais les poings
Et à la fin des phrases j'inscrivais de gros points
Histoire de couper court à ce besoin de fuite
D'écraser sous la plume toutes ces envies maudites
Alors enfin naissait une nouvelle journée
Les yeux encore rougis d'avoir trop rêvé
Rêvé trop fort même jusqu'à en pleurer
Je quittais la maison pour aller à l'école
A travers la campagne foulant les herbes folles
A travers le cimetière où toutes ces âmes mortes
D'avoir appris en vain latin et langues mortes
Moi j'entendais déjà des langues orientales
Celles que l'on parle si loin de mon pays natal
Et quand arrivait l'heure de retrouver la classe
Je revêtais alors une solide carapace
Pour supporter les heures lentes et interminables
Surveillant la pendule une main dans mon cartable
Egrainant lentement les petits grains de sables

Normal !

Comme des gens ordinaires
Nous marchons au plafond
La tête en bas
Le cœur tombant de nos poches
Avec les sous et la petite monnaie
Normal !

A cela rien d'étrange
Le plafond est orange
Et nous brûle les pieds
Nous dansons survoltés
D'un coup tout se tait
Nous reprenons la marche
Normal !

Petite fille

La petite fille avait des ailes
Mais la femme elle
Avait des lèvres
Qui embrassaient le ciel

J'ai longtemps voyagé

J'ai longtemps voyagé
Vers d'infinies contrées
Mon esprit emporté
Et mon corps fatigué
D'avoir tant marché
D'avoir tant rêvé
Souvent dans le passé
Je me suis retrouvé
Perdu et isolé
Dans d'arides vallées
Ou bien presque noyé
Dans des flots agités
J'ai souvent récité
Mes dernières prières
Et même encore hier
Traversant le désert
J'avoue avoir pleuré
Tellement j'avais souffert
Mais dans tous ces voyages
Sans arme ni bagage
Je n'ai jamais croisé
Aucun autre étranger
J'avais beau avancer
Mon esprit s'embrumait
Et je n'ai rien trouvé...
Toutes ces lointaines contrées
N'étaient donc pas peuplées ?
Etais-je dans ces mondes
Sur ces terres infécondes
Solitaire à jamais
Et l'unique étranger ?

-4-

Se libérer par le voyage

Découvrir en soi les étendues immenses de son imagination
Et ces voyages
Dont on ne revient pas
Un autre prend la place
Etranger
Echangé

Voyage

Et maintenant partir
Tout quitter en finir
Et renoncer qui sait
A la gloire au succès
Préférer le mystère
Et l'ombre à la lumière
Partir à l'aventure
Seul en rasant les murs
Aller vers l'inconnu
Fuir le déjà vu
Rejoindre les enfers
Là en bas sous la terre
Creuser de mes mains nues
Mon tombeau inconnu
Puis comme du chiendent
Emporté par le vent
Renaître alors ailleurs
Avec force et vigueur
Toujours un peu plus loin
N'être qu'un tout petit point
Et voyager sans fin
Sans attache et sans lien
Voyager, voyager
Et se déraciner

Nul autre horizon

Nul autre horizon
Que le vent sur mes joues
L'aventure a ce goût
Qui masque tous les autres
Les paupières déchirées
Comme des voiles blanches
Que le vent fou libère
La lumière me traverse
Elle franchit mes orbites
Et me sort par la tête
À l'arrière de la nuque

Je rêve

Je rêve de silence comme d'un grand ouragan
Qui emporterait loin tous les mauvais regards
Je rêve de caresses qui plisseraient ma peau
Comme un grand éventail que j'aurais dans le dos
Je rêve de ces mots aux voyelles si belles
Qu'elles enroulent leur dorure aux cercles des chevilles
Je rêve de tes pieds traversant mon regard
Qui laisseraient des empreintes effacées par les vagues
de mes paupières en bleu
Je rêve de ton dos comme d'un grand toboggan
Où glisserait le temps suivi par mes deux yeux
Je rêve énormément tout ça les yeux ouverts
Comme des trous de serrure ayant perdu leur clé
Laissant filtrer le jour de l'intérieur du crâne

Un autre voyage

La brume dormait sur l'eau
Et son rêve caressait l'orange
Troublant des reflets d'anges
Replaçant quelques mèches
De nuages longs et blonds

Je contemplais le lac de ma pensée calme
Les genoux remontés jusqu'au menton
Mon regard se perdait tranquille azur
Du froid bleu métallique

Ta voix courait encore comme un écho sur les flots
Pas de grandes vagues non
Un chuchotement ondulant la surface
Emmêlant mes cheveux un peu

Mes pieds essayaient de trouver dans la terre
Sous les fougères une chaleur maternelle
Un bien-être propageant l'écho
Dans la moelle des os

Que le murmure des mots
Recompose ma peau
Je serrai mes genoux
L'instant était fragile
Mon cœur battait jusqu'au bout de mes cils

La brume condensait sur ma peau froide
Ses doigts de larmes colorés
De la lumière étrange du matin fertile
Déposaient l'aurore sur mes joues

Et puis enfin
J'étais le paysage
Je dépliais mes genoux
M'allongeais dans les fougères
Les bras en croix
J'étais l'eau qui miroitait le ciel

La fin d'un rêve
Un autre voyage
Mes yeux étaient nuages
Mes cheveux roussis par l'éclairage
Étalés en vallée bouclée
Autour de mon visage

L'étrange jetée

L'étrangeté des lieux me frappait au visage
Et le froid métallique s'engouffrait comme une lame
Sous mes ongles durcis décortiquant ma flamme
Je croyais tout connaître de ces jetées d'hiver
Ni la pluie ni l'enfer n'avait heurté ma face
Mais ce jour qui pendait au bout d'un réverbère
Comme un corps étranglé par un amour civière
Obscurcissait l'espace éteignant ma lumière

Parfois la nuit gîte comme un navire

Ma nuit fut comme une peau tatouée et floue
Quelques mots çà et là dont je ne me souviens plus
La lune n'éclairait pas assez pour que je puisse les lire
Mais je les ai sentis ils semblaient doux et bleus
Mon lit avait un mât et une tête à la proue
Ma chemise de nuit claquait comme une voile
Penchée au bastingage je regardais filer
Les flots bleus argentés à demi endormie
Les embruns me fouettaient les étoiles giclaient
En douce j'appareillais vers le petit matin
La brume se levait mes yeux se réveillaient
Ma peau était tatouée d'étoiles bleu de mer

Boréale

Le Nord sur la langue
Un chant magnétique
Pousse sa note blanche
Sur mon sourire glacé
D'étendues pures
Gerçures des lèvres
Aux commissures

Moi aussi
Je les ai vues
Ces lumières flottantes
Dans une nuit sans mystère
Où tout est clair
Les flammes vertes
Des âges qui dansent

Une grâce qu'aucun mouvement humain ne pourrait égaler
Un déplacement léger
Fugace
Lent
Tout à la fois
Une singularité
Dans un ciel dégagé

Boréale

La lune a saigné

La lune a saigné blanc
Comme un linceul de lin
S'accrochant à ta voile
De petit marin

La lune s'est couchée sur le flanc
Comme un poisson volant
Echoué par le vent
Sur un pont de bois blanc

Autre monde

Il me faisait toucher la brume
Porter ma peau sur son envers
Sentir la terre
Et danser sous la lune
Il me disait que je pouvais tout faire

J'apprenais les couleurs
À leur toucher
À leur odeur
Mes yeux pouvaient saisir
Le soleil ou la pluie
Et de ma bouche
Coulaient des sources

C'était un autre monde
Vous n'avez pas connu
Mes mains faisaient le jour
Et mes doigts se fermaient
Comme des fleurs à la nuit

Mon âme était ouverte
Et tout le monde y venait
Passer l'après-midi
S'étendre dans l'herbe verte
De mes pensées offertes

Quelques petites bêtes
Passaient devant mes yeux
Leurs effluves sauvages
Parfumaient la nuit
Il n'y avait qu'à les suivre
Pour ramasser des rêves

Nous étions heureux
Car rien n'était à nous
Les mots se cueillaient purs
Comme de la confiture
Du lierre sur les murs
Nous aidait à grimper

Escaladant les pierres
Qui chantaient doucement
On atteignait le haut
Vertigineux efforts
Du pays où l'Encor
Étalait ses trésors

Je ne sais pas
Où tout a fui
Un bruit de page qui se referme
Le rêve était réel
Puisqu'il nous a créés
Tous les deux
Dans mes yeux !

Graphène

J'avance dans l'instant
Ma pensée pleine de néant
Je laisse la vie s'écrire
Au sirop de l'argent
Qu'on trouve là derrière
À des années-lumière
Et qui coule en rivières
Vives sur d'autres terres

Quand ma pensée s'éteint
Mon corps va bien plus loin
Je recrée ma matière
Dans les ventres arrondis
Des étranges galaxies
Qui souvent se fécondent
Au pollen tellurique

Si mes yeux se remplissent
Du mauve des origines
Si mes lèvres ont goûté
La sève de l'hélium
Et si j'ai trop humé
De grains inorganiques
Ma raison sait toujours
Retrouver la lumière

Car j'ai en moi ce lien
Du retour à la Terre
Où tu n'es pas plus gros
Qu'un cristal de graphène
Mais pourtant tu me tiens
Par la force des veines

Une de mes mille vies

J'ai vu mille chevaux
Traverser la plaine au galop
Le bruit des sabots
La poussière qui décolle
J'ai cru devenir folle
La puissance dégagée
Les muscles qui jouaient
Mes pieds en tressautaient
Les crinières emportées
Comme un jour de tempête
Les naseaux tous fumants
Et les bouches écumantes
L'odeur des peaux les cuirs
Brillant sous le soleil
Quel formidable assaut
Parfois quand j'y repense
Ma peau frémit encore
C'était il y a longtemps
Dans ces temps refoulés
D'un passé oublié

Etoile filante

Un soir après minuit une étoile est tombée
Fatiguée de briller dans cette immensité
Lassée de ses succès et de ces hauts sommets
Rêvant à cette terre fragile et si petite
A la lumière du jour qui lui est interdite
Seule dans son désespoir du haut de son perchoir
Elle s'est doucement éteinte et s'est mise à tomber,
Laissant dans tout ce ciel un trou noir à combler
Elle est tombée en pluie
En légers clapotis
Se mêlant aux eaux sombres d'une petite mare

Depuis dans cette mare poussent des nénuphars
D'un blanc étincelant tranchant sur les eaux noires
Hommage à sa beauté autrefois adulée

La liberté est dans l'envol

En équilibre sur le toit
Écarter mes bras
Me cambrer
Battre des cils
Puisque je n'ai pas d'ailes
Et plonger
M'offrir comme un ange
À la nuit
À son souffle
La liberté est dans le vol

La vie et aussi ses horreurs

Le cœur est ma maison
Et même si je voyage
La Terre ma tanière
Je hante de mystères
Vos petits univers
Enfer et paradis
Je suis la poésie
Je suis aussi la vie
La vie…
Et aussi ses horreurs…

Mémoire d'un soldat

Seul avec le silence comme dernier compagnon
J'avance à pas de loup direction l'horizon
Et le sang bat plus fort dans mon corps aux aguets
Je sens chaque battement comme si c'était le dernier
Plus le jour s'effiloche plus je deviens animal
Chaque fois guettant l'instant qui me sera fatal
Dans ce pays hostile où tout est minéral
Où le corps se replie en position fœtale
Il n'y a plus de vie pas le moindre végétal
Je ne suis plus un homme je me fonds au décor
J'attends la fin du jour ralentissant mon corps
Égaré dans ce trou et vaincu par la boue
Mon front semble si lourd qu'il en touche mes genoux
Si je m'en sors encore ce sera sans courage
Ce sera que la nuit et ce terrible orage
N'ont pas voulu de moi de ma peau de mes os
De ma chair trop pourrie pour mourir en héros

Nous n'étions que des hommes...

Nous n'avions que nos jambes pour nous tenir debout
Et un pas lent et lourd pour nous porter le jour
Le rythme de nos pieds trainant sur les cailloux
Le bruit de nos galoches tout au fond de la cour
Résonnaient en cadence jusqu'à nous rendre fous

Nous n'avions que nos bras pour nous serrer très fort
Quand la peur nous mordait et nous glaçait le cœur
Quand l'un de nous criait en attendant l'aurore
Quand l'on sentait flotter l'odeur des fossoyeurs
Nous n'avions que la force de nous serrer plus fort

Nous n'avions que nos yeux pour exprimer l'horreur
Et quelques tremblements les mâchoires crispées
Nous n'avions plus de mots pour dire nos douleurs
Nous avions oublié que l'on savait parler
Juste quelques gémissements dans un monde sans couleur

Nous n'étions que des hommes au milieu de ces bêtes
Nous n'avions que l'espoir et la force de croire
Que cette dernière nuit exauce notre requête
Nous sorte de l'enfer du trou humide et noir
Et emporte avec elle cette terrible tempête

Nous n'étions que des hommes attendant la sentence
Juste une détonation une balle dans la tête
Comme un soulagement une sombre délivrance
Nous n'étions que des hommes fauchés par la défaite
S'accrochant au matin comme à la dernière chance

Qui n'aura pas de peau

Comme un battement lent
Un cœur d'enfant s'égare
Dans les fourmis du temps
C'est une immense mare
Un spectre de géant
Rouge et nerveusement
Qui vient et qui reprend
Petit serpent d'enfant
Étalé comme un gant
Qui n'aura pas de peau
Qui n'aura pas de peau...

Au milieu des hélicoptères

Au milieu des hélicoptères
Volait la colombe légère
Dans tout ce déploiement de gyrophares
Elle arrivait à capter nos regards
Son vol était gracieux
Comme un rêve de mieux
Une autre perspective
À la chair saignant vive
Dans le monde des hommes
En bas capharnaüm !
Où rien n'égalera la pureté de ce vol
Cette chute libre et folle
Balayant de ses ailes
Le cri des infidèles
Ou fidèles peu importe...
Cette peine qu'on supporte
Qu'on s'inflige à soi-même
Ces croyances minables
Parce qu'on est incapable
De se dire que l'on s'aime

Combien de jours encore
Volera ce grand corps
Blanc et étincelant
Avant qu'un jeune enfant
Vienne sauter s'amusant
Dans des flaques de sang
En trouvant ça marrant
D'avoir les pieds tous rouges
Et lancer des yeux morts
Trouvés sur les cadavres
Jouant avec l'horreur
Comme on jouait avant
À lancer des cailloux
Pour faire des ricochets

Si nous pouvions voler
Prendre de la hauteur
Peut-être verrions-nous
Notre petite Terre
Formidable havre
Fragile dans l'univers
Peut-être que les combats
Seraient d'autres natures
Peut-être... Peut-être pas...

Bruxelles

Oh Bruxelles
Non... Ne te retourne pas
Car je suis devenue
Une statue de sel
De celle que tu fus
En ce jour de printemps
À feu et à sang

Oh s'il te plaît Bruxelles
Non... Ne te retourne pas
Et va ma belle
Va de l'avant !

Jeudi noir

Hier sous la pluie la foule s'est figée
Et pour une minute le temps s'est arrêté
Comme le battement d'un cœur qu'on vient d'assassiner
Tous les hommes du monde ont cessé de parler
Unis dans ce moment par une même pensée
Que la paix sur la terre enfin triompherait
Et que le bruit des armes cesserait à jamais
Le temps s'est écoulé la minute était brève
Mais il ne tient qu'à nous que ce ne soit pas qu'un rêve !

Les monstres

Les monstres du jour
Sont pires que ceux de la nuit

Parce qu'ils sont vrais !

Incarner le maillon

Il y a des cris de vie
Qui transpercent la mer
Du ventre originel
S'échapper comme un fruit
Porter le sang des autres
Au profond de ses os
Incarner le maillon
Se défaire de ses chaînes
Avancer toujours seul
Mais faire partie quand même

Nous avons le devoir de désobéissance

Si le cœur nous en dit
Nous irons tous courir
Comme des petits enfants
À la tombée du jour
Nous sauterons dans les flaques
Marchant sur les étoiles
Au miroir de la nuit
Les reflets de nos yeux
Auront cette couleur
Éventée du bonheur
Et puis quand les sirènes
Nous dirons de rentrer
Nous cacherons nos pieds
Nos godasses essoufflées
Sous des tapis de roses
Au parfum prononcé
De nuit évaporée
Et nos rires étouffés
Par nos doigts desserrés
Trahiront nos présences
Nous avons le devoir
De désobéissance !

-6-

Parfois le rêve ne suffit pas

Il reste un sale goût dans la gorge
Comme des mots en forme de point d'interrogation
Ou d'impossible résolution

Parfois les yeux

Parfois
Les yeux
Sont comme des œufs
Il faut les couver
Sous des mains chaudes
Pour les faire éclore...

Ici ou là

Ici ou là
Un poème naît

L'ombre géante
D'un doute qui plane
Comme la mouette chassée
Par un nuage de lait
L'averse n'étant pas vraie
Je trempe mon biscuit
Dans une tasse d'été
Fleurie comme un emblème
À l'anse dégarnie
Du port qui se referme
Avant la petite nuit

Ici ou là
Un poème naît

Dix doigts de petits fruits
À l'abri de mes mains
Mon sucre étale son or
Sur un tapis de buis
Et j'ai mal à l'aurore
Ma tête a le roulis
Des bateaux qui s'enfuient
Autant de paquebots
À la fumée d'opale
Rayant le ciel gris
D'un trait tout pâle

Ici ou là
Un poème naît

De l'ennui...

La solitude des pierres sous l'eau

Noyau de petite existence
Pierre lavée de l'origine
Épongée par la peur
Des grandes exactitudes
Un monde sépia en boucle
Creuse le crâne de l'intérieur
Le mot défile et la pierre pense
À l'explication du silence
Qui court là
Sous la peau de l'urgence

Étoiles amères

Les étoiles sous la mer
Sont bleues
Quand elles remontent
Elles sont orange
Avec ce goût d'amer...
Hauteur ou profondeur ?
Il y fait le même froid
Sans la chaleur des cœurs
Inversons la surface
Paraît que dans le noir
Là au fond de l'espoir
On peut voir des lueurs
Parfois même des sirènes
Mais c'est une autre histoire

Se réfugier au Pôle

Il nous faut marcher
Sans décor
Sans distraction aucune
Dans un blanc
Où l'esprit pur
Carbure
Puis noter les pas
Comme si c'étaient des mots

La force vient du sol
Le centre se déplace
Noyau liquide
Comme un caillot
La terre tourne malade
Et nous le dit
Son cri
Se loge dans les os

Peut-être fuir
Se réfugier au pôle
Au vrai Nord
Là où la géométrie
N'est plus possible
Là où l'aiguille plonge
En un point
Pour s'engloutir

Rage

Là sur le piton rocheux
Les bras en éventail
J'inspirais l'air heureux
Qui descendait des cieux
Brassé par l'animal
Aux ailes de corail
L'oiseau tournoyait bleu
Spirale de couleurs
Qui me sauvait les yeux
Tourbillon d'excellence
Je découvrais la transe
D'un vol aux ailes immenses
Ô mes bras se jouaient
Des courants de marée
Mes poumons décollaient
Plaqués contre mes côtes
Libérant de ma cage
Un cri de rage

Décaler la phase

J'ai regardé à travers la tempête
Droit dans l'œil du cyclone
Et l'air était si pur
Que je fus aspirée
Par un courant d'étoiles
Son grain de sablier
M'a tournée
Avant de retomber
Dans cet espace calme
Où le temps en son centre
Bat comme une cymbale
Un petit contretemps
Pour décaler la phase
Mettre en opposition
Les souffles et les sons

La grande bascule

Quelque part entre chien et loup
Il existe un passage
Attendre l'heure
Et guetter la courbure
Car il arrive parfois
Que les pôles se rejoignent

Et au dernier rayon
Un pied sur l'horizon
Chevauchant l'arc à bout portant
Étirant les rayons du temps
À coup de balançoire
Prête pour la grande bascule

Laver ses yeux

J'avais du sable encore sous les paupières
La vision irritée
L'œil griffé
Comme revenue de quelques lointaines tempêtes
J'accrochais mes yeux à un point fixe
Et je calmais mes tempes
Martèlement de galère
Faire taire et retrouver
Le glissement du temps
Fluidité des secondes
L'écoulement du ruisseau
Entre mes deux oreilles
Et puis comme l'oiseau
Qui vient tremper ses plumes
Laver ses yeux
Au ciel heureux

Prendre la vie à son pouls

C'était une course hallucinante
Contre le temps
Les éléments
Dans la semi-obscurité
À zigzaguer entre les troncs
D'une forêt étrange
Des arbres et des hommes
Plantés côte à côte
Courir pour ne pas s'enraciner
Échapper à l'immobilité
À la prise en terre
Courir vers la lumière
Prendre la vie à son pouls
Et puis derrière les bêtes
Aux crocs multipliés
Aux gueules comme des meules
Une course hors du souffle
Dans cette excitation
Qui rend la peur si belle

Fais ce voyage

Fais ce voyage
De toi à toi
À chaque pas
Tu te perdras
À un moment tu ne seras plus
Et là en avançant encore
Tu te rejoindras
Pas à pas

Ouvre cette parenthèse
Et jette-toi dedans
Ce n'est pas une chute
C'est un vol
Dans toutes tes dimensions
Circule dans ton corps
Visite-toi

Étire-toi
Ose t'atteindre
De bout en bout
Concentre-toi au cœur
Et puis répartis-toi
Dans un élan phénoménal
Sois ton sang
Bats !

Tamise-toi
Entre tes doigts
Ne retiens que ce qui brille
C'est ta lumière

Elle est au bout de tes doigts
Juste tes bras à ouvrir
Pour la faire grandir
Et te parcourir d'un bout à l'autre
Illuminant ton cœur

-7-

Contemplation

La beauté comme une nécessité
Dans les choses simples et la nature
Fabuleux tremplin pour l'envol des yeux
Et lien fort à la Terre
Renaître humble et apaisée
Dans la contemplation
Aucun bruit
Juste le dialogue
Entre le vent
Et l'oiseau
Parfois une pomme
Qui tombe

Les enfants de la Lande

Il nous faut retrouver
Le temps béni des Druides
Où toute parole
Était symbole
De l'ordre ou du chaos
Les mots régnaient
Au centre de nos feux
Et la magie savait
Départager les cieux
Maniant la langue
Comme de jolis fouets
Claquant au vent
Pour séparer les ombres
De la lumière du chant
Nous étions les enfants
En ronde sur la Lande
Inventant les saisons
Qui apaisent le monde
La terre nous parlait
Et à chaque seconde
Nous savions les paroles
Pour enfanter le sol

Ma forêt

Alors je m'avance
Mes mains caressent les troncs
Retrouvent les sillons connus
Mes pieds s'enfoncent dans les feuilles
C'est l'automne

Ça sent la mousse
La décomposition
Les champignons
J'avance encore
Là où il y a moins de lumière
Dans la forêt de mon imaginaire

Oh j'aime ces troncs
Que j'ai inventés
Certains bien droits
D'autres tous tordus
Et leurs racines
Qui font des nœuds
Et qui se parlent

J'aime bien me dire
Que je vais dormir là
Dans cet enchevêtrement
De bois mort et vivant
Que je vais faire mon nid
Sur un lit de feuilles

C'est ma forêt imaginée
Que je connais par cœur
Où je vais me cacher
Depuis...
Depuis longtemps déjà
Chaque fois je m'enfonce
Plus profond

Près de la grosse pierre
La lumière ne pénètre presque jamais
C'est l'endroit le plus froid
Mais j'y ressens beaucoup d'odeurs
De bêtes

J'y vais toujours pieds nus
Seulement vêtue d'une longue chemise blanche
Qui s'accroche aux branches
Quand les arbres veulent me retenir

Ça peut paraître triste
Mais ça ne l'est pas
C'est mon monde
Ma petite magie
Que personne ne saurait voir
Comme moi
À part toi

Fleur qui pleure

J'ai léché la rosée
Sur un pétale nacré
Petite goutte irisée
Dans ma gorge coulait
Avait un goût salé
La fleur avait pleuré

Dans le frais du matin

Mes lèvres trempées dans le vert dans le frais du matin déposé par la nuit...
Les odeurs enroulées comme des guirlandes d'eau claire sur ma langue
embrasée d'ombre des châtaigniers. L'obscur des caresses traversait la
lumière qui germait sur mon cou étalant des pétales vieux charme de soleil.
J'avais le pouls alerte et le pas qui glissait comme une onde sur un lac
d'amande au lait d'émeraude. La nature enfermée dans son coffret de nuit
s'ouvrait là soupirante au jour de mes yeux. Ma peau respirait fort, je sentais
bon le tronc, j'entrais dans le mystère de la fécondation et des milliers de
spores s'accrochaient à mon corps, saupoudrant mes cheveux d'une pincée
d'étoiles. Des papillons naissaient de ma robe à volant et je tournoyais lent
pour décoller leurs ailes. J'étais dans l'élément, moi, fondue dans ce chant, je
dégageais mes paumes atteignant mon royaume !

À travers les joncs

On n'avait jamais peur de rien
Car on avait déjà mille ans
Souvent quand l'horizon baissait
À travers les joncs
Mes deux yeux ronds
T'attendaient
Je ne sais pas si tu ne m'as jamais vue
Ou si tu faisais semblant
Tes mouvements étaient lents
Tu fendais le courant
Et tes bras soulevaient
Comme un rideau de gouttes
Qui s'irisaient retombant rouges
En pluie fine de rubis
Colorant l'eau dans ton sillage
Tu étais le soleil qui baignait ses rayons

Source

J'ai dormi comme une source
Et mes cheveux coulaient
Des poissons-rêves remontaient le courant
Pour venir frayer dans mon cou

C'était toute une rivière
Qui serpentait suivant la courbe de mon dos
Le drap humide et frais
Bordait mes rives allongées

Puis je me levais
Et je devins cascade

Le lac

J'étais là
Couchée
Dans la douceur des tons d'automne
Sous une couverture de feuilles
Lovée comme un petit soleil
Autour de mon centre

L'averse de la nuit
Avait lissé la peau du lac
Un reflet en bordait le tour
Les arbres qui voulaient se rejoindre
Élançaient leurs branches

Les pins se tenaient droits
Et je n'inventais rien
Tout était là
À peindre du regard
Un frisson s'envola
Et atteignit la cime

Le chant bleu
Me traversa l'épine
Un souvenir enfoui
Perça la coquille
Je ramassais une pierre
Et la fit chanter dans ma main
En écho

La pierre au centre de ma main
Prit des reflets inattendus
La lumière rejoignait le lac
Les eaux se teintaient bleues
Et le ciel s'accordait

Le calme s'approchait
Des pas feutrés
Quelques froissements de feuilles
Un animal venait boire
Des mots s'inscrivaient là
Dans ma mémoire

Sur la surface
Le poème ondulait
Avançant vers le centre
À chaque lapée de l'animal
Le lac s'écrivait
Et je pleurais
Quelques ponctuations

Un cri
Un aigle
Libéré de ma poitrine
Traça un cercle parfait
Le ciel en fut satisfait
Le monde recommençait
À battre
Au rythme de mes tempes

La roche

Je décidais que j'étais née de cette roche
Si ce n'était pas dans cette vie
C'était sûrement dans une autre
Tellement la texture me parlait

J'aimais en caresser la veine
Trouver ses failles
Et lui parler
Là dans le creux
Lui murmurer
Je me souviens
D'avoir été
Dans votre ventre

Je collais ma joue contre la pierre
J'avais les mêmes pores
Les mêmes cicatrices
Le même relief
Peut-être le même âge...

A PROPOS DE L'AUTEUR

****

Hauteur... Elle était Hauteur...

Elle était assise dehors
Sur les marches
Dans sa robe blanche trop grande
Qui lui couvrait les pieds
Et lui cachait les mains
Mais elle savait qu'un jour
Elle volerait plus haut
Que la cime des grands pins
Se dressant devant elle
Alors elle souriait
Puis parfois il lui arrivait
De courir et de faire comme si
C'était le vent qui la portait
Alors sa robe blanche flottait
Comme derrière elle
Deux grandes ailes

Rien n'est jamais sérieux n'est-ce pas ?

C'est assez difficile
De faire semblant d'être un oiseau…

****

Merci à Loui, Marc, Florent et LFK
pour la réalisation et leur soutien dans cette aventure sans prétention